LEARN SPANISH IN A WEEK

The Beginners Course to Becoming a Fluent Speaker, the Fun Way

by Maya Keller

CW01551355

First Printing, 2015
Printed in the United States of America

Table of Contents

LESSON 00: Introduction: ABC

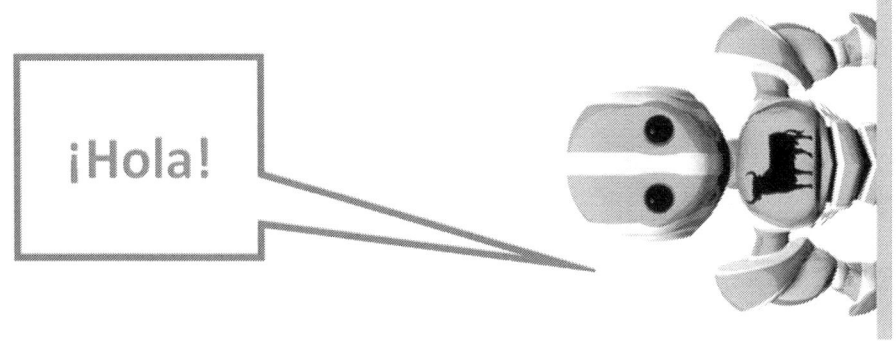

¡Hola!

You have just learned your first word in Spanish. That was 'Hello' in Spanish.

Oh, sorry, I haven't introduced myself, how very rude of me.

I am your Language Immersion Guide: L.I.G. for short.

I am going to guide you on the road to Learning Spanish…**The Fun Way!**

The first thing we need to do is to get you accustomed to the sound letters make in Spanish.

That way, it will be much easier for you to pronounce and understand Spanish words correctly.

But, also, in the case of the ABC, to enable you spell words, like your name, a skill that always comes in very handy.

Do not worry **amigo**! I'm here to help you with it all. Oh, did you see that? I used another Spanish word.

That was 'friend' in Spanish.Here are the phonetic spellings of 'Hola' and '**Amigo**':

HOLA = Oh Lah
AMIGO = Ah Me Goh (G as in Good)

In Spanish, articles, as well as many nouns and adjectives, are gender specific.

Usually, we'll know what gender many nouns and adjectives are referring to by the vocal in which they finish.

Let's see how we would say '**friend' in Spanish**, when referring to a **female friend**.

Amiga
AMIGA= *Ah Me Gah (G as in Good)*

Vowels like 'o' and 'a' are key to understanding whether many nouns and adjectives are referring to a male or a female in the Spanish language,

These are the phonetic spellings of vowels in Spanish:

A (Ah: 'Father') E (Eh: 'Bet') I (E: 'Me') O (Oh: 'Bone') U (Oo: 'Boot')

Exceptions

- When **U** follows **Q**, the **U** becomes **silent**.
  Examples: Que (What, That) – Química (Chemistry)

- When **U** follows **G**, in **GUE and GUI**, the **U** also becomes **silent**.
  Examples: Guerra (War) – Guitarra (Guitar)

- A diacritical mark, called **diaeresis**, is used **when the U needs to be pronounced** in the cases above.
  Examples: Vergüenza (Shame) – Pingüino Penguin)a

Time for the Spanish *ABC!*

I will not lie to you—some sounds will be totally foreign to you. No pun intended.

But, remember, I am your L.I.G. You're safe with me. I will break it all down for you, phonetic spellings, Spanish names, and exceptions as follows:

	A	B	C	D	E
Phonetic Spelling:	(Ah)	(B-eh)	(Z-eh)	(D-eh)	(D-eh)
Spanish Name:	A	Be	Ce	De	E

Exceptions

- C placed before **A, O and U** sounds like **K.**
  Examples: Casa (House) – Cosa (Thing) – Cuna (Cradle))

- C placed before **E and I** sounds like **Th** *(as in 'Theory').*
  Examples: Cena (Dinner) – Cine (Cinema)

	F	G	H	I	J
Phonetic Spelling:	(EhPhEh)	(Heh)	(AhTzeh)	(E)	(HohTah)
Spanish Name:	Efe	Ge	Hache	I	Jota

IMPORTANT:

- The **H** is always **silent** in Spanish.

Exceptions

- G, placed before **E and I**, sounds like the **Spanish J.**
  Examples: Gente (People) – Gimnasio (Gym)

- G, placed before **A, O and U**, sounds like the **English G,** *as in MAGAZINE, GOLF, GURU*
  Examples: Gamba (Prawn) – Golf (Golf) – Guru (Gurú)

- J always sounds like a strongly aspirated **English H,** *as in HOT, HEAT, HERO or HUNGER*
  Examples: Jamón (Ham) – Joven (Young) – Juicio (Judgement/Trial)

	K	L	M	N	Ñ
Phonetic Spelling:	(KAh)	(EhLEh)	(EhMEh)	(EhNeh)	(EhNyEh)
Spanish Name:	Ka	Ele	Eme	Ene	Eñe

eñe is a very important consonant for the Spanish.
It's in the name of their country, Spain, and its people, the Spanish, in their native language.

España
(Spain)

española
(Spanish - Singular Female)

españolas
(Spanish - Plural Female)

español
(Spanish - Singular Male)

españoles
(Spanish - Plural Male)

	O	P	Q	R	S
Phonetic Spelling:	(Oh)	(PEh)	((Koo)	(EhRrEh)	(EhSEh)
Spanish Name:	O	{e	Qu	Erre	Ese

- R at the **beginning** of a word sounds like the **strong Spanish RR** and the **English R,** *as in RADICAL, REAL, OSE, RUTHLESS.*
    Examples: Radical (Radical) – Real (Real) – Rio (River) – Rosa (Rose)

- R, after the consonants L, N and S, also sounds like the strong **Spanish RR** and the **English R**, as above.
    Examples: Alrededor (Around) – Sonrisa (Smile) – Israel (Israel)

- R, between vowels and other consonants, sounds softer, like the **English R** *in CARESS and APPARENT, and in CRY and FREEDOM.*
    Examples: Cara (Face) – Pero (But) – Primo (Cousin) – Creencia (Belief)

	T	U	V	W
Phonetic Spelling:	(TEh)	(Oo)	(OoBeh)	(OoBeh DohBleh)
Spanish Name:	Te	U	Uve	Uve Doble

IMPORTANT:

- V sounds exactly like **B** in Spanish speech.

Guess what. The Spanish donot have any original Spanish words with the letter 'w'. They all come from English, German or other languages. So, 'W' is exactly pronounced as we pronounce it in English speech.

	X	Y	Z
Phonetic Spelling:	(Ehkees)	(E Gre Eh Gah)	(ZzEhTah)
Spanish Name:	Equis	i Griega	Zeta

QUIZ

Let's find out how well you remember the Spanish words you have learned so far.

Choose an answer number, 1, 2 or 3, after each question and its set of choices. You may want to write your chosen number down.

You can check if your answers were correct at the end of the quiz.

Good luck!   ¡Buena Suerte!

How do the Spanish refer to a **female friend**?
1) Amigo
2) Gente
3) Amiga

How do the Spanish say **hello**?
1) Olala
2) Hola
3) Adiós

How are **the Spanish** called, in Spanish?
1) Españoles
2) Hispanos
3) España

Last question! How do we ask for **ham** in Spanish?
1) Jarrón
2) Jamón
3) Jabón

QUIZ RESULTS: 3 – 2 – 1 – 2

LESSON 01: 1st Person Introductions and Singular Male and Female Forms

¡Bienvenido! -OR-¡Bienvenida!

You've just learned the Spanish word for 'Welcome', when it's addressed to a male and when it's addressed to a female.

In this lesson, we're going to delve into generally male and female singular forms in Spanish, but, first, I will show you **two different ways to introduce yourself to other people.**

Hola,
mi nombre es Maria
Hello,
my name is Mariah

Hola, soy Juan
Hi, I'm John

Female Singular Forms in *Spanish*

Along with the singular forms you are also going to learn the Spanish definite and indefinite articles and quite a few words. We will start with nouns that are generally **feminine** and their gender-indicative **endings**.

Nouns ending in A
The language – La lengua
A word – Una palabra.

Nouns ending in Ad
The city – La ciudad
A friendship – Una Amistad

Nouns ending in Ud
The youth – La juventud
A virtue – Una virtud

Nouns ending in Ez
The validity – La validez
A childhood – Una niñez

Nouns ending in Iz
The matrix – La matriz
An actress – Una actriz

Nouns ending in Ión
The television – La televisión
A rebellion – Una rebelión

Nouns ending in Umbre
The summit – La cumbre
A custom – Una costumbre

The **above** are all the generally feminine singular endings in Spanish words, and the **singular definite and indefinite articles for female**.

However, there are also **nouns that are feminine because they refer to women**, and their ending has nothing to do with it. Some of them are:

A woman. **The** wife. **A** mother -
Unamujer.**La**mujer.**Una**madre

Note

You can use the same word for woman and for wife in Spanish

Male Singular Forms in Spanish

Generally, singular masculine words in Spanish are those that donot have the feminine endings we have just learned, but, there are also some rules we need to take into account. Donot worry, there is just a few.

They are:

Nouns ending in O
The gentleman – El caballero
A hug – Un abrazo

Nouns ending in E
The ambience -El ambiente
A forest – Un bosque

Nouns ending in El
The hotel – El hotel
A poster – Un cartel

Nouns ending in In
The garden– El jardín
A dolphin – Un delfín

Congratulations!

You have now learned feminine and masculine singular definite and indefinite articles, and rules to determine the gender of many Spanish singular nouns. Though, you are probably thinking that there must be **exceptions to these rules**, right?

Yes, there are.

And also other words that mean different things whether the article that accompanies them is feminine or masculine.

No need to worry.

Throughout this course, we will use many of those exceptions, and I will also guide you in how to guess all of them in the future, as well as show you the Spanish plural forms.

QUIZ

Right now, we're going to find out not only how well you remember the articles   and nouns you've just learned, but also whether they're feminine or masculine.

Choose one answer, A or B, after each question and its set of choices.

You can check if your answers were correct at the end of the quiz.

Good luck!   ¡Buena Suerte!

How do the Spanish say **the language**?
A) **Una** palabra
B) **La** lengua

How do the Spanish call a **mother**?
A) **La** madre
B) **Una** madre

When a Spanish person reaches **the summit** of a mountain, how do they refer to it?
A) **Una** costumbre
B) **La** cumbre

When you give **a hug** to a Spanish friend, what are you giving?
A) **Un** abrazo
B) **Una** virtud

When you talk to your Spanish friends about childhood, you talk about…?
A) **La** niñez
B) **La** matriz

LESSON 02: Introductions and Present Tense Verb *SER (To Be)*

¡Hola!¿Como estás?

The above is another type of salutation in Spanish, normally used when you already have met someone before, which uses the verb '**To Be**', in Spanish. It means: '**Hello! How are you?**'

Spanish use '**To Be**' like us, English-speakers, but, their verb 'To Be' splits into **two verbs**:

SER> used to **describe beings and objects**
ESTAR> used to **describe states of being and define the localisation of someone or something.**

In this lesson we're going to learn the **Present Tense** of SER and explore examples of it in conversation. The conversation will also serve you to learn how to interact further in your first introduction to Spanish people and also how to salute them once you've already met them, which will work as a little introduction for ESTAR.

Verb 'To Be' to Describe Being, Beings and Objects: *SER*

Present Tense SER

I am– **Yosoy**
You are – **Túeres**
He / She / It is – **El / Ella / Ello** es
We are – **Nosotros assomos**
You, plural, are – **Vosotros assois**
They are – Ellos / **Ellos asson**

IMPORTANT:

○ *We, You* and *They* (Nosotros/as, Vosotros/as, Ellos/as, are plural by default. Rules to form the plural of singular words in Spanish:

○ If the **word ends with an unstressed vowel** > Add: S
   Example: Casa – Casas (House – Houses)

○ If the **word ends with a stressed vowel or a consonant** > Add: ES
   Examples: Tabú – tabúes (Taboo – Taboos)
   Pais – Paises (Country – Countries)

Exceptions

◉ **Stressed -á, -é, -ó** > Add: S
   Example: Café – Cafés (Coffee – Coffees))

◉ Champú (Shampoo) and Menú (Menu) > Add: S
   Example: Menú – Menús

Let's imagine that we are going to a Spanish party, shall we? We will use that scenario to learn how to use SER within a Spanish conversation.

Hello, I'm Mariah, and… you are? – **Hola, yo soy Maria y… ¿tú eres?**

Hi, Mariah. I'm John – **Hola, Maria. Yo soy Juan.**

Sorry. What's your name? – **Disculpa. ¿Cuál es tu nombre?**

My name is John – **Mi nombre es Juan**

Where are you from? – **¿De dónde eres?**

IMPORTANT:

 In Spanish, the verb changes according to each particular person. This means that **the subject** is implicit in the sentence and thus, whether it's mentioned or not, both options are grammatically correct.
Example: Somos españoles –and- Nosotros somos españoles (We are Spanish)

I'm from Spain - **Yo soy de España**

What are your nationalities? (Plural form of 'Your') - **¿Cuáles son vuestras nacionalidades?**

We are Spanish – **Somos españolas.**

We're Spanish, too – **Nosotros somos españoles, también.**

When an adjective refers to both genders (i.e.: españoles), as in the case of describing both a male and a female together, **the plural is added to the masculine form of that adjective**, never to the feminine form.

Nice to meet you (Singular 'You') – **Encantada de conocerte.**

Nice to meet you, too (As in 'We' and referring to Plural 'You') – **Encantados de conoceros, también.**

At a later date, having previously met… (Verb To Be: ESTAR – Describing states of being).

Hi, Mariah, how are you? – **Hola, Maria, ¿Como estás?**

Oh, hi John! I'm fine, thank you, and you? – **Oh, ¡Hola, Juan! Yo estoy bien, ¿Y tú?**

I'm very well, thank you – **Yo estoy muy bien, gracias.**

QUIZ

Time for a quiz! Let's find out how well you have integrated this lesson, ok?

Remember: write down your answer choice, A or B, so you can check if your choices were correct at the end of the quiz.

Good luck!   ¡Buena Suerte!

How would you **respond** to the Spanish question 'What's your name'?
A) **Soy** Juan
B) **Minombrees** Juan

How do we say '**We're Spanish**' in Spanish?
A) Nosotros somos **españoles**.
B) Somos **de España**.

How do the Spanish say '**Thank you**'?
A) Gracias
B) También

If you are a male, and you want to say to a female that you're pleased to meet her, how would you say it in Spanish?
A) Encanta**da** de conocerte
B) Encanta**do** de conocerte

Last question! What would the plural form of the Spanish word for '**name**' be?
A) Nombre**ses**
B) Nombr**es**

QUIZ RESULTS: B – A – A – B – B

LESSON 03: Present Tense Verb ESTAR To Be)

Hi, again!¡Hola de nuevo!

In the previous lesson, we studied how to use one of the two Spanish verbs for '**To Be**' to start meeting new people. Do you remember which verb that was? It was the verb: SER, which is used to **describe being, beings and objects.**

In this lesson, we will study the **Present Tense** for ESTAR and explore its use in conversation, just like we did with SER.

Verb 'To Be' to describe states of being and localisation: ESTAR

I am – **Yoestoy**
You are – **Tuestás**
He/She/it is – **El/ Ella/Elloestá**
We are] – **Nosotros-asestamos**
You, plural, are – **Vosotros-asestais**
They are – **Ellos-asestán**

Time to go to another Spanish party!

In the following **conversation**, we are going to revise some of the terms we learned in the previous lessons, practice the verb we have just studied and discover new vocabulary.

Mariah! Where are you!? – **¡Maria! ¿¡Dónde estás!?**

I'm here, next to you! - **¡Estoy aquí, a tu lado!**

The ambient at the party is incredible, isn't it? – **El ambiente en la fiesta es increíble, ¿verdad?**

Yes, but the music is too loud – **Si, pero la música está demasiado alta.**

Perfect for dancing! – **Perfecta para bailar!**

That's the thing. – **Esa es la cosa.**

I'm a bit tired - **Estoy un poco cansada.**

Are you uncomfortable, Mariah? - **¿Estás incomoda, Maria?**

With you? Never! - **¿Contigo? ¡Nunca!**

You're very kind… – **Eres muy amable…**

Well… you are very kind to me, too – **Bueno… tú eres muy amable para mi, también…**

My house is close by… – **Mi casa está muy cerca…**

Good for you, John! - **¡Bien para ti, Juan!**

hola(Hello) ya(Already) alrededor(Around)
ley (Law) rey (King) pais(Country) raiz(Root)
gracias(Thank You) español(Spanish)
zorro (Fox) química(Chemistry) mujer(Woman)
sonrisa(Smile) vergüenza(Shame)
joven(Young) yo (I) amigo(Friend)
primo(Cousin) creencia(Belief)
guitarra(Guitar) guerra(War) jamón(Ham)
gente(People) pingüino(Penguin)
pero(But) hoy(Today) cara(Face) rio(River)
palabra(Word) toro(Bull) muy(Very)
juicio(Judgement/Trial) zapato(Shoe)
gamba(Prawn)

Vocabulary RECAP

QUIZ

Time to test your comprehension of the previous conversation.

Choose one answer, A or B, as to find out, at the end of the quiz. Good luck!   **¡Buena Suerte!**

How would I ask you, in Spanish, '**where are you**'?
A) ¿De dónde eres?
B) ¿Dónde estás?

How do the Spanish call '**dancing**'?
A) Bailar
B) Ambiente

How does a **female** say '**I'm tired**' in Spanish?
A) Estoy cansa**do**
B) Estoy cansa**da**

What's a '**thing**' in Spain?
A) **Ca**sa
B) **Co**sa

How would you say '**the bar is close by**' in Spanish?
A) El bar **está** muy cerca.
B) El bar **es** muy cerca.

QUIZ RESULTS: B – A – B – B – A

LESSON 04: Salutations, M/F Exceptions and Possesive Pronouns

Good morning! ¡Buenos días!
Good afternoon! ¡Buenas tardes!

In these Spanish salutations '**morning'**, which in this context the Spanish refer to as '**day'** (día), and the Spanish word for '**afternoon'** (tarde), are normally said in their plural form.

> **Note**
>
> The Spanish word for '**morning**' as time of the day is: mañana. Mañana also means '**tomorrow**' in Spanish.

As you may have remembered, 'day' in Spanish ends with what would usually be a **feminine ending**: A.

And 'afternoon', in Spanish, ends with how we learned that was a generally **masculine ending**: E.

So... how come that in the salutations that opened this lesson, the adjective '**good'** takes on a **masculine ending** when the Spanish noun for '**day'** has a generally **feminine ending**, and the same adjective takes on a **feminine ending** when the Spanish noun for 'afternoon' has a generally **masculine ending**?

Well, **these two nouns are exceptions** to their respective ending-based gender rules.

More exceptions to the gender rule on endings A and E

Midday – **El** mediodía
Night and Midnight – **La** noche y la medianoche
The map – **El** mapa
The people – **La** gente
The planet – **El** planeta
The mind – **La** mente
The climate – **El** clima
The phrase – **La** frase

The above are just a few exceptions; we will learn more exceptions to gender rules throughout this course.

Right now, we are going to learn Spanish **Possessive Pronouns**, including their singular and plural forms

SUBJECT PRONOUNS	POSSESIVE PRONOUNS
I	My
Yo	**Mi / Mis** *(Plural Possessions)*
You	Yours *(Singular Person)*
Tu	**Tu / tus** *(Plural Possessions)*
He/She/It	His/Her/Its
El/Ella/Ello	**Su / Sus** *(Plural Possessions)*
We	Our
Nosotros-as	**Nuestro-a / Nuestros-as** *(Plural Possessions)*
You	Your *(Plural Person)*
Vosotros-as	**Vuestro-a / Vuestros-as** *(Plural Possessions)*
They	Theirs
Ellos-as	**Su / Sus** *(Plural Possessions)*

Examples with Vocabulary:

My house – Mi casa
My things – Mis cosas
Your music – Tu música
Your phrases – Tus frases
His name – Su nombre
Her words – Sus palabras
Our language – Nuestra lengua
Our maps – Nuestros mapas
Your planet – Vuestro planeta
Your cities – Vuestras cuidades
Their rebellion – Su rebelión
Their customs – Sus costumbres

Highlighted

⊙ For **His/Her** and **Its,** there's only one Possessive Pronoun in Spanish, which just changes according to whether it points at singular or plural possessions: SU / SUS

⊙ The Spanish Possessive Pronouns for **We and You (Plural Person) change** their ending according to whether they're **for male or female, too.**

QUIZ

Quiz time! By the way, in Spanish 'quiz' is: TEST.

Choose A or B and check if you were correct, at the end of the quiz.

Good luck!   ¡Buena Suerte!

How do the Spanish say '**Good morning**'?
A) Buen**os** días
B) Buen**as** días

How we would refer to '**her house**' in Spanish?
A) Sus cas**a**
B) **Su** casa

What would the Spanish equivalent to the English '**At midnight**' be?
A) **A** medio**dia**
B) **A** median**oche**

Who are '**the people**' in Spain?
A) La gente
B) La mente

How do we say '**our cities**' in Spanish?
A) Nuestr**os** ciudades
B) Nuestr**as** ciudades

What is '**their climate**' in Spain?
A) **Su** clima
B) **Sus** clima

QUIZ RESULTS: A – B – B – A – B – A

LESSON 05: Interrogative and Relative Pronouns

Hi, how are you doing? Hola, ¿Qué tal?

By the end of today's lesson you will know exactly how to find out **what, who, when, where, how, how many, how long, whose, which, how** much and **why**, in Spanish.

Nadie espera la Inquisición española
Nobody expects the Spanish Inquisition

Spanish Interrogative and Relative Pronouns

What? – **¿Qué?**
Who? – **¿Quién?**
When? – **¿Cuándo?**

Where? – **¿Dónde?**
How? – **¿Cómo?**
How many? – **¿Cuántos?o ¿Cuántas?**
How long? – **¿Cuánto tiempo?**
Whose? – **¿De quién?**
Which? – **¿Cuál?/ ¿Cuáles?**
How much? – **¿Cuánto?**
Why? – **¿Por qué?**

★CONVERSATION PRACTICE

Hi, Mariah. How are you doing? – **Hola, Maria. ¿Quétal?**

I'm good, John. And how are you doing? – **Yo bien, Juan. ¿Y tú quétal?**

I'm doing great, thanks – **Yo muy bien, gracias.**

Listen, about the other night… – **Escucha, sobre la otra noche…**

What night? – **¿Qué noche?**

At the party – **En la fiesta.**

Whose party? – **¿La fiesta de quién?**

My Spanish friends' party – **En la fiesta de mis amigos españoles.**

Ah, yeah, good party. When is next? – **Ah, sí, buena fiesta. ¿Cuándo es la próxima?**

Tomorrow at midday, but it's at a different house. – **Mañana a mediodía, pero es en una casa diferente.**

Where? – **¿Dónde?**

At Antonio's House – **En la casa de Antonio.**

Oh, Antonio's house is near my House – **Oh, la casa de Antonio está cerca de mi casa.**

Who is at your house now? – ¿Quién **está en tu casa ahora?**

My brother and his wife, why? – **Mi hermano y su mujer,** ¿por qué?

For how long?– **¿Por** cuánto tiempo?

How many days? Oh, they are here just for a day, for the inauguration, this afternoon, of their friend's bar – ¿Cuántos **días? Oh, ellos están aquí solo para un día, para la inauguración, esta tarde, del bar de sus amigos.**

Oh, which bar? The Planet or The Summit? – **Oh,** ¿cuál **bar? ¿El Planeta o La Cumbre?**

The Planet. It's in Virtue Street – **El Planeta. Está en la calle de la Virtud.**

And how much is the ticket for the inauguration? – **¿Y** cuánto **es la entrada para la inauguración?**

It's free – **Es gratis.**

Fantastic! We can talk more there or tomorrow at Antonio's party – Fantástico! **Podemos hablar más allí o mañana en la fiesta de Antonio.**

Ok, later – **Vale, hasta luego.**

CONVERSATION QUIZ

What time of the day was mentioned at the start of the conversation?
0) La tarde
1) La noche

Whose party is mentioned first?
0) La fiesta de mis amigos ingleses.
1) La fiesta de mis amigos españoles.

When and where is taking place the next party?
0) Mañana a mediodía en casa de Antonio.
1) Mañana a medianoche en casa de Juan.

Who are at staying Maria's house?
0) Mi hermano y mi madre
1) Mi hermano y su mujer

What's the name of the bar that their friend is inaugurating?
0) El Planeta
1) La Cumbre

Where's the bar?
0) En la calle de La Juventud
1) En la calle de la Virtud

QUIZ RESULTS: 1 – 1 – 0 – 1 – 0 – 1

LESSON 06: Personal Pronouns and Spanish verbs

In this lesson, we will discover more **Personal Pronouns**, see how **Spanish verbs** are **classified** and learn the Spanish verb for '**To Give**': DAR.

The Spanish Personal Pronouns are divided in six categories:

Subject Pronouns (which you already know)
Reflexive Pronouns
Direct Object Pronouns
Indirect Object Pronouns
Object of Preposition and the **Reflexive Object of Preposition** Pronouns (which will see in the next lesson)

Subject Pronoun
Reflexive Pronoun
Yo me doy de comer sola

Subject Pronoun
Indirect Object Pronoun
Direct Object Pronoun
Ella se la da a comer

Myself

It (Paella)
To Him

Spanish
Paella

Reflexive **Personal Pronouns**

Used whenever the subject of a verb is also its object, and to express reciprocity, as it's the case of the English '**each other**'.

Myself > I call myself John – Me>**Yo me llamo Juan.**

Yourself>You shave yourself – Te>**Tú te afeitas**

Himself/Herself/Itself > History repeats itself – **Se>La historia se repite.**

Ourselves, each other > We serve ourselves / We serve each other – Nos>**Nosotros nos servimos.**

Yourselves, each other >You respect yourselves / You respect each other –Os>**Vosotros os respetáis.**

Themselves, each other >They help themselves/ They help each other – Se>**Ellos se ayudan.**

Highlighted

⊙ The same Reflexive Pronoun is used for **himself/herself/itself:** SE

⊙ The Third Person in Plural also uses: SE

Next, we are going to see the Spanish **Direct** and **Indirect Object Pronouns**. As their names indicate, they are those pronouns that represent **the nouns directly acted upon** by the verb and the recipients of the verb's action, respectively.Below, they are followed by a sentence using **the same verb in each instance**, '**To Give'**: DAR.

Spanish verbs are classified as **Regular or Irregular**, and all of them are grouped into **three different** classes of **infinitive endings (conjugations)**, which are:

AR - ER -IR

By learning the Spanish verbs for 'To Be' you learned **two** Spanish **irregular verbs from the first and the second conjugations**: ESTAR – SER. The next verb we will learn, DAR, is also **irregular**.

Direct and Indirect *Object Pronouns*

I, Give, Me, To Me > I give me to me – **Yo, Doy, Me, A mi** > **Yo me doy a mi.**

You, Give, You, To You >You give you to you – **Tú, Das, Te, A ti > Tú te das a ti**

IMPORTANT:

 When Direct and Indirect Object Pronouns are **in the same sentence,** the **Indirect Object Pronoun ALWAYS** goes in front of the Direct Object Pronoun.

He / She / it *Him / Her / It * To Him / To Her / To It – **Él / Ella / Ello * Lo / La / Lo * Le / Le /Lo**

He gives respect to her. * He gives it to her – **Él le da respeto a ella *Él selo da.**

We, Give, Us, To us > We give us to us – **Nosotros-as, Damos, Nos, Nos > Nosotros-as nos damos.**

You, Give, You, To you > You give you to you – **Vosotros-as, Dais, Os, Os > Vosotros-as os dais.**

They / Them / To Them – **Ellos-as / Los-as/ Les**

They give gifts to them >They give them to them – **Ellos les dan regalos a ellos > Ellos selos dan.**

buenos dias (Good Morning)

respecto (Respect) **solo** (Only/Alone/On 'my' own)

planeta (Planet) **nadie** (Nobody)

casa (House) **cosa** (Thing) **noche** (Night)

afternoon (Tarde) **vergüenza** (Shame)

vejez (Eld/Old Age) **también** (Too/Also)

mañana (Morning/Tomorrow) **mapa** (Map)

madre (Mother) **clima** (Climate/Weather)

padre (Father) **phrase** (Frase)

Lengua (Lenguage/ Tongue) **mente** (Mind)

custom (Costumbre)

animal (Animal) **fiesta** (Party)

ciudad (City) **tiempo** (Time/ Weather)

Vocabulary RECAP

QUIZ

You think you are ready to pass the following test? Let's find out!
Choose A or B; you can check how you did at the end of the quiz..

Good luck!   ¡Buena Suerte!

How would you say '**History repeats itself**' in Spanish?
A) La historia **lo** repite.
B) La historia **se** repite.

How would you respond to the Spanish equivalent of '**How do you call yourself?**'?
A) Me llamo Maria.
B) Te llamo Maria.

What are the **three infinitive endings** that shape the conjugations of Spanish verbs?
A) AR, ER, IR
B) AR, OR, IR

What's the **Indirect Object Pronoun** in the following Spanish sentence?: Él **selo** da.
A) Lo
B) Se

How would you say '**They help each other**' in Spanish?
A) Ellos **se** ayudan.
B) Ellos **les** ayudan.

How do you think I would say 'Give him the map' in Spanish?

    A) Da**me** el mapa.

    B) Da**le** el mapa.

QUIZ RESULTS: B – A – A – B – A – B

LESSON 07: More Personal Pronouns and the Verb To Go: IR

How is it going?¿Cómo te va?

In this lesson, we will learn the last two categories of the Spanish Personal Pronouns and tackle another Spanish irregular verb, this time from the third conjugation. The verb is the equivalent to the English 'To Go'; Funnily enough, its infinitive form is written exactly the same as the ending of the third Spanish conjugation, to which it also belongs: IR.

The last two categories of the Spanish Personal Pronouns are:
- the Object of Preposition Pronouns
and
- the Reflexive Object of Preposition Pronouns

Object of Preposition **Pronouns**

Me >Is the food **for me**? – **Mí** > **¿Es la comida** para mí?

You > Yes, the food is **for you** – **Ti** > **Sí, la comida es** para ti.

Him > No, the food is **for him** –**Él** > **No, la comida es** para él.

Her >The drink are **for her**– **Ella** > **Las bebida son** para ella.

It >The ice is **for it** – **Ello** > **El hielo es para ello.**

Us > Are you **with us**? – **Nosotros-as** > **¿Estás** con nosotras?

You (plural) > I am **with you** – **Vosotros-as**> **Estoy** con vosotras.

Them > I'm **without them** –**Ellos-as > Estoy sin ellos.**

Exceptions
Exceptions arise when combined with the preposition 'With': CON
⊕ **With** Me > Come with me – **Con**migo > Ven **conmigo.**
⊕ **With** You > I'm coming with you – Contigo > Yo voy **contigo.**
⊕ **With** himself/herself/itself/themselves > They don't bring money **with themselves**   – Consigo > Ellos no traen dinero **consigo**

Reflexive Object of Preposition Pronouns

Myself> I do things **by myself – Mí > Yo hago las cosas** por mí mismo.

Yourself >You only spend money **on yourself – Ti > Tú sólo gastas dinero** en ti mismo.

Himself > He only spends money **on himself – Sí > Él sólo gasta dinero** en sí mismo.

Herself > She buys things f**or herself– Sí >Ella compra cosas** para sí misma.

Itself> It's a pleasure **in itself – Sí > Es un placer** en sí mismo.

Ourselves >We can do it **by ourselves – Nosotros-as > Podemos hacerlo** por nosotras mismas.

Yourselves >You can do it **by yourselves – Vosotros-as > Podeis hacerlo** por vosotras mismas.

Themselves >They spend money **on themselves – Sí> Ellos gastan dinero** en sí mismos.

Exceptions arise when combined with the preposition 'With': CON

 With myself > I talk **with myself** – Conmigo > Yo hablo **conmigo misma**.

With yourself > Are you talking **with yourself**? – Contigo > ¿Estás hablando **contigo misma**?

With himself/herself/itself/themselves > They talk **with themselves** – Consigo mismo-a/Consigo mismos-as > Ellos hablan **consigo mismos**.

IMPORTANT:

Some prepositions are usually **followed by Subject Pronouns** INSTEAD OF Object of Preposition or Reflexive Object of Preposition Pronouns.

They are:
Between>Let's keep it **between you and me – Entre > Vamos a mantenerlo** entre **tu y yo**.

Except>Everybody is going to the beach, **except you – Excepto / Salvo > Todo el mundo va la playa,** excepto **vosotros**.

Until,UpTo and **Even**>Everybody is going to the beach, **even us – Hasta / Incluso >Todo el mundo va a la playa,** incluso **nosotros**.

According to> According to you, everybody likes the beach – **Según >Según tú, a todo el mundo le gusta la playa**.

To Go: IR
I go– **Yo voy**
You go – **Tú vas**
He/She/It goes – **El / Ella /Ello** va
We go – **Nosotros-as** vamos
You, plural, go – **Vosotros-as** vais
They go – **Ellos-as** van

QUIZ

Quiz time! Choose A or B, and don't forget to write your answers down, so you can check how you fared at the end of the quiz.

Good luck!   ¡Buena Suerte!

How would you give an affirmative answer to the following Spanish question?: ¿Es la comida **para mí**?
A) No, la comida es **para mí.**
B) Sí, la comida es **para ti.**

What's the noun '**drink**' in Spanish?
A) Bebida
B) Hielo

How would you say in Spanish '**He goes to the beach with me**'?
A) **Ella** va a la playa **contigo**.
B) **Él** va a la playa **conmigo**.

Last question! When I **talk to myself**…
A) Hablo **conmigo misma**.
B) Hablo **con vosotros**

QUIZ RESULTS: B – A – B – A

LESSON 08: Other Spanish Pronouns and Conversation Practice-Quiz

Hi there, glad to see you! Hola, ¡me alegro de verte!

In this lesson, we will find out about more, **Non-Personal, Spanish Pronouns** and recap on what we have learned so far with a conversation practice and a quiz.

Demonstrative Pronouns

Used to **point at** things, whether close by or at a distance and can also **replace** nouns.

This car >This one > I like this one– **Este coche > Éste > Me gusta** éste.

This shop >This one > I like this one – **Esta tienda > Ésta > Me gusta** ésta.

That glass >That one > I use that one – **Ese vaso > Ése > Yo uso** ése.

That cup >That one > I use that cup – **Esa taza > Ésa > Yo uso** ésa.

That one over there or around then >That was the best time – **Aquél >**Aquél **fue el mejor tiempo.**

That one over there or around then >That was the best song – **Aquélla >**Aquélla **fue la mejor canción.**

Those prices back then >Those> I prefer those – **Aquéllos precios de entonces > Aquéllos > Yo prefiero** aquéllos.

Those suitcases with reinforced corners > I prefer those – **Aquéllas maletas con esquinas reforzadas > Yo prefiero** aquéllas.

Indefinite *Pronouns*

Something – Algo

Nobody, no one – **Nadie**
Everybody, everyone – **Todos-as / Todo el mundo**.
Everything, all – **Todo**
One – **Uno-a**
Some – Unos-as / **Algunos-as**
Nothing – **Nada**
None – **Ninguno-a**
Little, few – **Poco / Pocos-as**
Much, many – **Mucho / Muchos-as**
Each – **Cada uno-a**

★ CONVERSATION PRACTICE

Hi, John, glad to see you! – Hola, **Juan, ¡me alegro de verte!**

Hey, Mariah, how are you doing? – **Hola, Maria ¿qué tal?**

Everything is fine, thanks . Are you going to Anthony's house? – **Todo bien, gracias. ¿Vas a la casa de Antonio?**

Yeah, are you going, too? – **Si, ¿vas tú también?**

Yeah, everybody is there. – **Si, todo el mundo esta allí.**

Please, can you give me directions to it? – **Por favor, ¿me puedes dar direcciones hasta ella?**

We can go together. – **Podemos ir juntos.**

Go with you? I don't know if that's safe - **¿Ir contigo? No sé si eso es seguro.**

Haha, and why not? – **Jaja, ¿y por qué no?**

Just kidding; I'm glad to go with you to Anthony's party – **Solo bromeaba; Estoy contento de ir contigo a la fiesta de Antonio.**

Ok, let's go then – **De acuerdo, vamos entonces**.

Mariah, does Anthony go to Spain often? – **Maria, Antonio va a España a menudo?**

We all go once a year – **Todos vamos una vez al año.**

I'd love to go to Spain. Where, in the country, are you from?
– **Me encantaría ir a España.¿De dónde, en el país, eres tú?**

I was born in the North of Spain, near the city of Barcelona
– **Yo nací en el norte de España, cerca de la ciudad de Barcelona.**

I carry a map of Spain with me. Can you show me where that is? – **Llevo un mapa de España conmigo. ¿Puedes mostrarme donde es eso?**

Of course! Give me the map, I'll show it to you – **¡Por supuesto! Dame el mapa, te lo mostraré.**

(At the house)

This house is fantastic– **Esta casa es fantástica.**

Yes, I prefer it to my house – **Si, yo la prefiero a mi casa.**

Do you want something to drink, Mariah? – **¿Quieres algo de beber, Maria?**

Sure! I think all the food and drinks are at the kitchen – **¡Y tanto! Creo que toda la comida y las bebidas están en la cocina.**

Let's go and see – **Vamos a ver.**

Oh, look, paella! – **Oh, mira, ¡paella!**

Give us a spoon, please – **Danos una cuchara, por favor.**

Is that your glass? – **¿Es ese tu vaso?**

No, that's Antonio's. Here, this is my glass – **No, ese es el de Antonio. Aquí, este es mi vaso.**

CONVERSATION QUIZ

Where is John going?
0) A casa de Maria.
1) A casa de Antonio.

Who is there?
0) Todo el mundo.
1) Solo Antonio.

What does John need?
0) Un mapa
1) Direcciones hasta la casa.

Who goes to Spain often?
0) Todos vamos una vez al año.
1) Solo Maria.

Where was our female speaker born?
0) En el sur de España, cerca de la ciudad de Sevilla.
1) En el norte de España, cerca de la ciudad de Barcelona.

Do I prefer Antonio's house to my own house?
0) No
1) Si

Where are all the food and drinks?
0) En la cocina.
1) En la sala.

What did I ask for, so my companion and I could eat?
0) Paella
1) Una cuchara.

Last question! Whose glass was it?

0) El vaso de Antonio.
1) Mi vaso.

QUIZ RESULTS: 1 – 0 – 1 – 0 – 1 – 1 – 0 – 1 – 0

LESSON 09: Regular/Irregular Verbs and More M/F Exceptions

Hey, what's new? Hola, ¿qué hay de nuevo?

As you already know, Spanish verbs are divided into three types of conjugations, depending upon their infinitive ending. They are also classified as **Regular or Irregular, independently of their conjugation type**.

So what determines if a Spanish verb is Regular or Irregular?

Spanish Regular Verbs are those that **don't experiment changes in their root**, just basic ending variations, according to their conjugation, in terms of form, tense and person. This means that, knowing how these verbs conjugate, will tell you how other Regular Verbs in their type of conjugation do it, too.

The Spanish normally use the following three verbs as models for all regular verbs within a conjugation.

To Love - To Owe -To Live
Amar -Deber – Vivir

To Love: AMAR

I love – Yo am**o**
You love – Tú am**as**
He/She/It loves – Él / Ella / Ello am**a**
We love– Nosotros-as amam**os**
You (plural) love – Vosotros-as am**áis**
They love – Ellos-as am**an**

To Owe: DEBER

I owe – Yo deb**o**

Youowe – Tú deb**es**

He/She/It owes – Él /Ella / Ello deb**e**

We owe – Nosotros-as debem**os**

You, plural, owe – Vosotros-as deb**éis**

They owe – Ellos-as deb**en**

To Live: *VIVIR*

I live – Yo viv**o**
You live – Tú viv**es**
He/She/It lives – Él/Ella/Ello viv**e**
We live – Nosotros-as vivim**os**
You (plural) live – Vosotros-as viv**ís**
They live – Ellos-as viv**en**

Spanish Irregular Verbs **experience changes in their root, their ending, or in both,** as they are conjugated. So far, you've learned the full conjugation of these Spanish irregular verbs:

To Be - To Give - To Go
Ser/Estar – Dar – Ir

Examples of the use of Regular and Irregular Verbs along with Exceptions to the Gender-specific Rules:

The **key** to live is to love – La **llav**e para vivir es amar.
I give on a daily **basis**. – Yo doy en **una bas**e diaria.
Death is our enemy – La **muerte** es nuestra enemiga.
He goes with the **current** – Él va con la **corriente**.
They give me the **clues** – Ellos me dan las **claves**.
I owe you **the milk** – Te debo la **leche**.
She's on the Street – Ella está en la **call**e.
They go at the same **turn** – Ellos van con la misma vez.
We live in the **tower** – Vivimos en la **torre**.

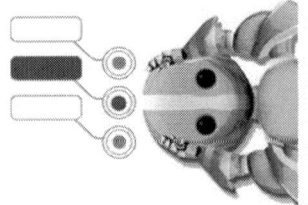

QUIZ

Oh, yes, it's that time: Quiz time! Choose A or B.
Remember: You can check if you were correct at the end of the quiz.

Good luck!   ¡**Buena Suerte!**

If '**she loves me**', how would I proclaim it if I were in Spain?
A) Ellos me aman.
B) Ella me ama.

My new Spanish friends have told me that '**they live on the street**'. How have they told me in their native language?
A) Vivimos en **la** calle.
B) Vivimos en **el** calle.

How would you tell someone that 'he **owes you money**' in Spanish?
A) Te debo dinero.
B) Me debes dinero.

What do you need to open a closed door?
A) La llave
B) El clave

QUIZ RESULTS: B – A – B – A

Personal Pronouns in Spanish

Personal Pronouns in Spanish

Subject	Indirect Object	Direct Object	Reflexive Object	Object of Preposition	Reflex. Obj. of Preposition
yo	me	me	me	mí	mí
tú	te	te	te	ti	ti
		lo, la		usted	
él	le	lo	se	él	sí
ella		la		ella	
nosotros-as	nos	nos	nos	nosotros, -as	nosotros, -as
vosotros-as	os	os	os	vosotros, -as	vosotros, -as
		los, las		ustedes	
ellos	les	los	se	ellos	sí
ellas		las		ellas	
=*I, you, he, she , we, you, they*	= *to me, to you, to him, to her, to us, to you, to them*	= *me, you, him, her, us, you, them*	= *myself, yourself, himself, herself, ourselves, yourselves, themselves*	= (e.g. FOR) *me, you, him, her, us, you, them*	= (e.g. BY/FROM) *myself, yourself, himself, herself, etc.*

| | IMPORTANT: If a sentence has two Object Pronouns, the indirect **goes before** the Direct object pronoun. | | | EXCEPTIONS: Combined with preposition: **CON** conmigo contigo | EXCEPTIONS: Combined with preposition: **CON** conmigo contigo consigo |

Irregular and Regular Spanish Verbs * Present Tense

SER / ESTAR	DAR	IR	AMAR	DEBER	VIVIR
Soy / Estoy	Doy	Voy	Amo	Debo	Vivo
Eres / Estás	Das	Vas	Amas	Debes	Vives
Es / Está	Da	Va	Ama	Deben	Vive
Somos / Estamos	Damos	Vamos	Amamos	Debemos	Vivimos
Sois / Estáis	Dáis	Váis	Amáis	Debéis	Vivís
Son / Están	Dan	Van	Aman	Deben	Viven
IRREGULAR			REGULAR		

LESSON 10: More Irregular Verbs from the 1st Conjugation: AR'

Hi there, what have you been up to? Hola, ¿qué te cuentas?

As **Spanish Irregular Verbs** are more difficult to remember due to their variability, we are going to learn **more of them** and explore examples of their use **in the present tense** in this and the next two lessons. We will study them in groups defined **by their category of conjugation.** Thus, we will start with **the first**, which is, as we already learned: **AR**.

Spanish Irregular Verbs from this first conjugation that are used frequently in conversation are:
CONTAR – To Count; To Tell
EMPEZAR – To Start; To Begin
PAGAR – To Pay

To Count; To Tell: *CONTAR*

I count; tell –Yo cuen**to**
You count; tell – Tú cuent**as**
He/She/It counts; tells – Él /Ella / Ello cuent**a**
We count; tell – Nosotros-as contam**os**
You (plural) count; tell – Vosotros-as cont**áis**
They count; tell – Ellos-as cuent**an**

Examples of this verb's use in a sentence:
Your vote **counts** – Tu voto cuenta.
He **counts** money at the bank – Él cuenta dinero en el banco.
Tell me everything – Cuéntame todo.

IMPORTANT:

 In the Spanish language, Direct and Indirect Object Pronouns are often added to the end of a verb, making one single word.
Examples: Cuéntame
Cuénta(VERB)**me**(to me: INDIRECT OBJECT PRONOUN)
Cuéntamelo :
Cuénta(VERB)**me**(to me: INDIRECT OBJECT PRONOUN)**lo**(it: DIRECT OBJECT PRONOUN)

You count for them – Tu cuentas para ellos.
Count until ten – **Cuenta** hasta diez. (NOTE:As Imperative)
We **don't tell** anything to anyone – Nocontamos nada a nadie.

To Start; To Begin: *EMPEZAR*

I start – Yo empiez**o**
You start – Tú empiez**as**
He/She/It Starts – Él / Ella / Ello Empie**za**
We start – Nosotros-as empez**amos**
You (plural) start – Vosotros-as empez**áis**
They start – Ellos-as empie**zan**

Examples of this verb's use in a sentence:

I **start** counting from 0 (zero)– Empiezo a contar desde cero.

The journey **begins** tomorrow – El viaje empieza mañana.

Classes **don't start** until September – Las clases noempiezan hasta Septiembre.

To Pay: *PAGAR*

I pay – Yo pag**o**
You pay – Tú pa**gas**
He/She/It pays – Él / Ella / Ello pa**ga**
We pay – Nosotros-as pagam**os**
You, plural, pay – Vosotros-as pag**áis**
They pay – Ellos-as pag**an**

Examples of this verb's use in a sentence:
You **pay** this round – Tú pagas esta ronda.

My company **pays** for the plane tickets – Mi empresa paga los billetes de avión.

We **pay** for our tickets – Nosotros pagamos por nuestros billetes.

That company **pays** well – Esa empresa paga bien.

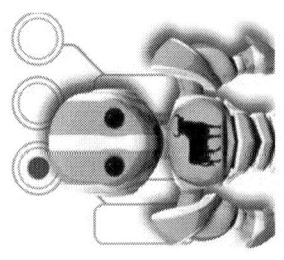

QUIZ

Quiz time! Choose A or B and remember: You can check how you fared at the end of the quiz..

Good luck!   ¡Buena Suerte!

How would you ask a Spanish friend to **count until ten**?
A) Empieza desde diez.
B) Cuenta hasta diez

How would you '**tell a tale**' in Spanish?
A) Contar un cuento.
B) Dar un cuento.

How would tell a friend that another friend's **company pays for her plane tickets**?
A) Su empresa **nos** paga los billetes de avión.
B) Su empresa **le** paga los billetes de avión.

How do **we start the lesson** in Spanish?
A) Empezamos la lección.
B) Pagamos la lección.

QUIZ RESULTS: B – A – B – A

LESSON 11: 'More Irregular Verbs from the 2nd Conjugation: ER'

Hello, what's up? Hola, ¿qué hay?

In this lesson, we will get acquainted with other frequently used Spanish Irregular Verbs of **the second conjugation**: ER

They are:

ENTENDER – To Understand
SABER – To Know
HACER – To Do
TENER – To Have

To Understand: ENTENDER

I understand – Yo entien**do**
You understand – Tú entien**des**
He/She/It understands – Él / Ella / Ello entien**de**
We understand – Nosotros-as entende**mos**
You, plural, understand – Vosotros-as enten**déis**
They understand – Ellos-as entien**den**

Examples of this verb's use in a sentence:
Excuse me, **do you understand** Spanish? – Disculpa, ¿**entiendes** español?

No, sorry; I only **understand** English – No, lo siento; yo solo **entiendo** inglés.

We **don't understand** a word – **Noentendemosni** una palabra.

To Know: SABER

I know – Yo **sé**
You know – Tú sa**bes**
He/She/It knows – Él / Ella / Ello sa**be**
We know – Nosotros-as sabe**mos**
You (plural) know – Vosotros-as sa**béis**
They know – Ellos-as sab**en**

Examples of this verb's use in a sentence:
I know what **you know** – Yo sé lo que tú sabes

My children **know** how to count until ten – Mis hijos saben como contar hasta diez.

We know where Spain is – Nosotras sabemos donde está España.

To Do: *HACER*

I do – Yo **hago**
You do – Tú ha**ces**
He/She/It does – Él / Ella / Ello ha**ce**
We do – Nosotros-as hacem**os**
You (plural) do – Vosotros-as hac**éis**
They do – Ellos-as hac**en**

Examples of this verb's use in a sentence:
What do you do for a living? –¿Qué **haces** para ganarte la vida?

I do many things – Yo **hago** muchas cosas.

What are they doing tomorrow night? – ¿Qué **hacen** mañana por la noche?

To Have: *TENER*

I have – Yo teng**o**
You have – Tú tien**es**
He/She/It has – Él / Ella / Ello tie**ne**
We have – Nosotros-as tenem**os**
You, plural, have – Vosotros-as ten**éis**
They have – Ellos-as tien**en**

Examples of this verb's use in a sentence:
Do you **have** a passport? – ¿**Tienes** pasaporte?

I**don't have** any luggage – No **tengo** ningún equipaje.

How much money **do you** have for the holidays? –
¿Cuánto dinero **tenéis** para las vacaciones?

QUIZ

How would you ask a Spanish person if a group of people **understand English**?

A) ¿Hablan español?
B) ¿Entienden inglés?

How would you tell a Spanish girl that **you know** her language?

A) Yo sé español.
B) Yo hago español.

How would you ask someone '**what are you doing tonight**' in Spanish?

A) ¿Qué hacen mañana?
B) ¿Qué haces esta noche?

How would you tell a Spanish person that **you and your** partner**have no children**?

A) No tenéis hijos.
B) No tenemos hijos.

QUIZ RESULTS: B – A – B – B

LESSON 12: More Irregular Verbs from the 3rd Conjugation: IR

Hello, what's happening? Hola, ¿qué pasa?

Before we learn more Spanish Irregular Verbs, **let's refresh our memory of the Spanish Irregular Verb you already know from this third conjugation: IR**

The verb is:

To Go

Ir

Examples of this verb's use within different contexts:

I go to Spain twice a year – **Yo voya España dos veces al año.**

My mum goes to church on Sunday – **Mi madre va a la iglesia el domingo.**

Going skiing is also possible in Spain – **Ira esquiar también es posible en España.**

Are **you going** to the office today? – **¿Vas a la oficina hoy?**

We never **go** to the cinema – **Nunca vamos al cine**.

You never **go** to the office on Saturdays – **Tú nunca vas a la oficina los sábados.**

They go to Spain in summer – **Vana España en verano.**

. Other **new** Spanish Irregular verbs, from the the third conjugation, are:

VENIR – **To Come**
DECIR – **To Say**
PEDIR – **To Request**

SENTIR – To Feel

To Come: *VENIR*

I come – Yo ven**go**
You come – Tú vie**nes**
He/She/It comes – Él / Ella / Ello vie**ne**
We come – Nosotros-as veni**mos**
You (plural) come – Vosotros-as ven**ís**
They come – Ellos-as vien**en**

Examples of this verb's use in a sentence:
I **come** to the park every day – **Vengo** al parque cada día.

The postman **comes** in Monday to Friday – El cartero viene de lunes a Viernes.

Wecome in peace – **Venimos** en paz.

To Say: *DECIR*

I say – Yo di**go**
You say – Tú d**ices**
He/She/It says – Él / Ella / Ello di**ce**
We say – Nosotros-as deci**mos**
You, plural, say – Vosotros-as dec**ís**
They say – Ellos-as dic**en**

Examples of this verb's use in a sentence:
I always **say** that – Yo siempre digo eso.

People say many things but few are true – Las personasdicen muchas cosas pero pocas son verdad.

What do **you say**, right or left? – ¿Qué dices, derecha o izquierda?

To Request: *PEDIR*

I request – Yo pi**do**
You request – Tú pi**des**
He/She/It requests – Él / Ella / Ello pi**de**
We request – Nosotros-as pedi**mos**
You (plural) request – Vosotros-as pe**dís**
They request – Ellos-as pid**en**

Examples of this verb's use in a sentence:
I always **request** a double room at this hotel – Siempre pido una habitacion doble en este hotel.

The judge requests your presence at court – Eljuezpide tu presencia en la sala.

We don't request formal attire for that event – Nopedimos atuendo formal para ese evento.

To Feel: *SENTIR*

I feel– Yo sien**to**
You feel– Tú sient**es**
He/She/It feels–Él / Ella / Ello sien**te**
We feel – Nosotros-as senti**mos**
You, plural, feel – Vosotros-as sent**ís**
They feel – Ellos-as sient**en**

Examples of this verb's use in a sentence:

I feel you under my skin – **Te**s**iento** bajo my piel

You don't feel anything – **Tú** no **sientes** nada.

Do you all feel good about going to Spain this summer? – **Os**se**ntís**todos bien sobre ir a España este verano?

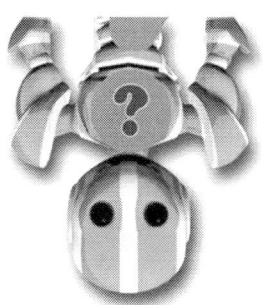

QUIZ

Mini-Quiz! Choose A or B. You can check how you did immediately below.

Good luck!   ¡Buena Suerte!

How can I tell you that 'The postman comes in Monday to Friday' in Spanish?

A) El cartero va de sábado a domingo.

B) EL cartero viene de lunes a viernes.

How do I ask you 'what do you say?' in Spanish?

A) ¿Qué dices?

B) ¿Qué pides?

If we were in Spain right now, how would you ask me how I feel?

A) ¿Dónde vas?

B) ¿Cómo te sientes?

QUIZ RESULTS: B – A – B

LESSON 13: Multi-Party CONVERSATION: Revision Exercise

Hi, it is nice to see you! Hola, ¡qué gusto verte!

In this lesson, we will explore another usual scenario out of everyday life:

a conversation taking place between more than two people.

With it, you will have the chance to practice much of the grammar and vocabulary we have seen in previous lessons and also check the level of comprehension you have acquired so far.

To enable you do the latter easily, we have split the conversation in three parts and placed a mini-quiz after each.

★ CONVERSATION PRACTICE

Hey, Anthony! It is nice to see you! – **Hola, Antonio, ¡qué gusto verte!**

Oh, hi Mariah! Welcome to my house! Are you coming alone? – **Oh, ¡Hola Maria! ¡Bienvenida a mi casa! ¿Vienes sola?**

Thank you very much for the invitation; your house is beautiful. No,

John is here, too. He's in the kitchen – **Muchas gracias por la invitacion; tu casa es preciosa. No, Juan está aquí, también.Está en la cocina.**

Great! Shall we go to the kitchen? I want to say hi. – **¡Estupendo! ¿Vamos a la cocina?Quiero decirle hola.**

Yes, please, he has got a question for you. – **Si, por favor, tiene una pregunta para ti.**

For me? About what**?–¿Para mi?¿Sobre qué?**

He says he wants to go to Spain soon but doesn't know where to exactly in the country – **Dice que quiere ir a España pronto, pero no sabe dónde exactamente en el país.**

Ah, he probably wants to know about my home town in Spain – **Ah, probablemente quiere saber sobre mi ciudad natal en España.**

Yes, that's it – **Si, eso es.**

Let's go – **Vamos.**

CONVERSATION QUIZ

What does Anthony ask Mariah, at the beginning of their conversation?
0) ¿Quién eres?
1) ¿Vienes sola?

Who went together to Anthony's house?
0) Maria y Juan
1) Antonio y Maria

Where exactly is John in the house?
0) En la sala.
) En la cocina.

What does John want to ask Anthony about?
0) Su ciudad natal en España.
1) Su casa.

QUIZ RESULTS: 1 – 0 – 1 – 0

(At the kitchen)

Hey, John, glad to see you!– **Hola, Juan, ¡me alegro de verte**!

Hi, Anthony, glad to see you, too! Your house is amazing! – **Hola, Antonio, ¡me alegro de verte, también! ¡Tu casa es increíble!**

Thank you, my friend. Listen, Mariah says that you've got a question for me – Gracias, amigo mio. **Escucha, Maria dice que tienes una pregunta para mí.**

Yes. What is the name of your home town in Spain? – **Si ¿Cuál es el nombre de tu ciudad natal en España?**

Granada. It's in the South. Why? – **Granada. Está en el sur, ¿por?**

It's not very far from where my family lives, John – **No es muy lejos de donde vive mi familia, Juan.**

Well, I want to travel to Spain, soon, but don't know which place is best to visit in winter – **Bueno, quiero viajar a Espana pronto, pero no se que lugar es el mejor para visitar en invierno.**

I can request a full guide for you at the office, John – **Yo puedo pedir una guia completa para ti en la oficina, Juan.**

I can already tell you that my city, Granada, is great to visit in winter, John – **Yo ya puedo decirte que mi ciudad, Granada, es estupenda para visitar en invierno, Juan.**

Tell me more about it, Anthony, please – **Dime mas sobre ella, Antonio, por favor.**

Yeah, Anthony, I want to know more about Granada, too – **Si, Antonio, yo quiero saber mas sobre Granada, tambien.**

Ok. If you visit Granada in winter, you can go skiing in the morning… – **Vale. Si visitas Granada en el invierno, puedes ir a esquiar por la mañana…**

Have a coffee at a nice outdoor cafe in the beach in the afternoon… – **Tomar un café en una bonita cafetería con terraza en la playa por la tarde…**

Eat tapas free with your drinks at any bar in the city in the evening… – **Comer tapas gratis con tus bebidas en cualquier bar de la ciudad por la noche…**

And party at clubs, discos or flamenco shows until breakfast time – **Y estar de fiesta en clubes, discos o espectáculos de flamenco hasta la hora del desayuno.**

Anthony, I'm going to Granada tomorrow – **Antonio, me voy a Granada mañana.**

I'm going with you! –**¡Yo me voy contigo!**

CONVERSATION QUIZ

What's the name of Anthony's home town?
0) Barcelona
1) Granada

Where's Anthony's home town in Spain?
0) En el sur
1) En el norte

What can you do in Anthony's home town on a winter's morning?
0) Ir a bailar
1) Ir a esquiar

What's free with your drink in Anthony's home town?
0) Mapas
1) Tapas

QUIZ RESULTS: 1 – 0 – 1 – 1

(About TAPAS)

Anthony, I've got a question for you, what are tapas? – **Antonio, yo tengo una pregunta para ti, ¿qué son las tapas?**

Tapas are small portions of food that can be hot or cold – **Las tapas son raciones pequeñas de comida, que puede ser caliente o fría.**

Also sandwiches and even cheeseburgers can be served as tapas – **También bocadillos e incluso hamburguesas de queso pueden ser servidas como tapas.**

And one doesn't pay anything for them? – **¿Y no se paga nada por ellas?**

Well, they only give you free tapas with the drinks you pay for, but drinks are cheap – **Bueno, solo te dan tapas gratis con las bebidas que pagas, pero las bebidas son baratas.**

And can one request free tapas anywhere in Spain or only in Granada? – **¿Y puede uno pedir tapas gratis en cualquier lugar de España o solo en Granada?**

Must be only in Granada because my family in Madrid never say anything about free tapas – **Debe ser solo en Granada porque mi familia en Madrid nunca dice nada sobre tapas gratis.**

I believe few places in Spain offer free tapas. I only know about Granada – **Creo que pocos lugares en España ofrecen tapas gratis. Yo solo sé sobre Granada.**

By the way, Mariah, Madrid is five hours by bus from Granada – **Por cierto, Maria, Madrid está a cinco horas en autobús desde Granada.**

CONVERSATION QUIZ

What are tapas?
0) Raciones pequeñas de comida, que puede ser caliente o fría.
1) Bebidas calientes.

What type of famous American cuisine can also be served as tapas?
0) Tortillas
1) Hamburguesas de queso.

How much does one pay for a tapa?
0) Las tapas son baratas
1) Las tapas son gratis, solo se paga por las bebidas.

How far by bus is Spain's capitol, Madrid, from Granada?
0) Cinco horas.
1) Un día.

QUIZ RESULTS: 1 – 0 – 1 – 1

**Have your passport ready,
because we are travelling to Spain soon!**

LESSON 14: Greeting Responses, Goodbyes and Male/Female chamaleons

Hi, my friend, what's up? Hola, amigo mío, ¿cómo va eso?

As above, almost every lesson in this course has been introduced with different ways to greet and salute in Spanish.

But, what about **ways to respond** to those **greetings** and **say goodbye**?You may be asking yourself...

Well, we have now arrived at the lesson where we will learn just that.

Also, and to top up our knowledge on the gender distinction of Spanish words, we will find out about **Male/Female chamaleons** and what that concept means exactly, as well as some **tips to** helps us **predict the gender of many other words** from the Spanish language in the future.

Examples of salutations, greeting responses and ways to say goodbye in Spanish:

Hi, John, how is it going? – **Hola, Juan, ¿cómo va todo?**

Everything is good, what about you? – **Todo bien, ¿qué hay de ti?**

Everything's good on my end, too – **Todo bien por mi parte, también.**

Not very well, to tell you the truth – **No muy bien, para decirte la verdad.**

Oh, sorry to hear that. What's wrong? – **Vaya, siento escuchar eso. ¿Qué ocurre?**

I'm jobless – **Estoy sin trabajo.**

And there's a lot of competition out there – **Y hay un montón de competición ahí fuera.**

I understand. Hang in there – **Entiendo. No te des por vencido.**

Something will come up - **Algo saldrá.**

Getting by, you know, same old same old – **Tirando, ya sabes, como siempre.**

Awesome. How's it going for you? – **Genial, ¿cómo te va a ti?**

Not too good. I'm having some health problems – **No muy bien. Estoy con problemas de salud.**

Oh, sorry about that. Anything I can help you with? – **Oh, lo siento. ¿Hay algo en lo que te pueda ayudar?**

Not really, but thanks a lot for asking – **No, la verdad, pero muchas gracias por preguntar.**

I'm in a bit of a hurry but I'll call you soon, ok? – **Tengo un poco de prisa, pero te llamo pronto, ¿vale?**

Sure, talk son – **Claro, hablamos pronto.**

I've got to go now, see you soon! – **Me tengo que ir ahora, ¡nos vemos pronto!**

Yeah, me, too. See you! – **Si, yo tambien. ¡Nos vemos!**

And how's the family? – **¿Y cómo estála familia?**

They're all great, thank you, yours? – **Todos bien, gracias, ¿y la tuya?**

As crazy as usual – **Tan loca como siempre.**

Please, say hi to your mom and your siblings for me–**Por favor, dile 'hola' a tu madre y tus hermanos por mi.**

I will, thanks – **Lo haré, gracias.**

Please, give my regards to Tom and the children–**Por favor, dale recuerdos a Tom y los niños.**

From you, sure. Bye, take care! – **De tu parte. ¡Adiós, cuídate!**

Female/Male Chamaeleons

They are Spanish words that **can be used as either feminine or masculine**. Here are some examples and their different meanings:

– Ending.Final.
I don't understand **the ending** of that movie–No entiendo el**final** de esa película.

The final is played at the rival's stadium – La **final** es jugada en el estadio del rival.

– Tidiness. Instruction. Holy order.
I like **tidiness** – Me gusta el **orden**.

The captain gives **the orders** – El capitán da las**órdenes**.

The order of St. John is dedicated to healthcare –La**orden** de San Juan se dedica al cuidado de la salud.

– Capital
We have **the capital** to fund the business – Tenemos el**capital** para financiar el negocio.

The capital of Spain is Madrid – La capital de España es Madrid.

– Priest. Cure.
The priest lives next to the church – El**cura** vive junto a la iglesia.

They travel in search for **acure** – Viajan en busca de una**cura**.

– Front. Forehead.
His regiment fights on **the front** – Su regimiento lucha en el**frente**.

A kiss on **the forehead** shows great affection – Un beso en
la**frente** muestra un gran afecto.

Tips for guessing the gender of many Spanish words:

MASCULINE	FEMININE
Months *Example:* August is a very hot month in Spain – Agosto es un mes muy caluroso en España.	**Time/Hours** *Example:* She was out about five hours – Ella estuvo fuera sobre unas cinco horas It's half past eight – Son las ocho y media
Days of the week *Example:* I hate Mondays – Odio los lunes.	
Names of Rivers, lakes, oceans	
Names of Mountains *Exception:* The Rockies – Las Rocosas	**Letters (vocals & consonants)** That word has an 'h' in it – Esa palabra lleva una hache
Verbs in their infinitive form used as nouns. *Example:* Walking is good for you – El caminar es bueno para ti.	
Numbers	

QUIZ

Mini-Quiz! Choose A or B. You can check how you did immediately below.

Good luck!   ¡Buena Suerte!

What's the gender of a Spanish capital city, feminine or masculine?
   A) Feminine
   B) Masculine

In which of the following two sentences am I **offering my help** to a friend?
   A) ¿Qué ocurre?
   B) ¿Hay algo en lo que te pueda ayudar?

How would I say '**I'm jobless**' in Spanish?
   A) Estoy sin trabajo.
   B) Estoy loco.

How would you say '**Walking is good**' in Spanish?
   A) La caminar es buena.
   B) El caminar es bueno.

QUIZ RESULTS: A – B – A – B

LESSON 15: Past and Future of Spanish Regular Verbs

Hi there, my friend, how are you doing? Hola, amigo mío, ¿cómo te va?

In this lesson, we will learn the simple **Past and Future tenses** of all the **Spanish Regular Verbs** that we have studied in the course, but, we will also get the chance to practice their Present Tense, since each verb will be conjugated chronologically for every person.

Thus, the format for each conjugation will be:

English Verb: *Spanish Verb*

   English - Person Past, Present, Future tense
   Spanish - **Person** Past, Present, Future **tense**

Past, Present and Future of Spanish Regular Verbs:

Amar - Deber – Vivir

To Love: AMAR

I loved, love, will love – Yo am**é**, am**o**, amar**é**

You loved, love, will love – Tú amas**te**, am**as**, amar**ás**

He/She/It loved, loves, will love – Él / Ella / Ello am**ó**, ama, amar**á**

We loved, love, will love – Nosotros-as amamos, amamos, amaremos

You, plural, loved, love, will love – Vosotros-as amast**eis**, am**áis**, amar**éis**

They loved, love, will love – Ellos-as amaron, aman, amarán

Examples of this verb's simple Past and Futue Tenses in a sentence:
I loved you very much – **Yo te**amé **mucho**.

And **I will** always love you – **Y siempre te**amaré.

We will love our children more than we love ourselves – Amaremos **a nuestros hijos mas de lo que nos amamos a nosotros mismos.**

They loved their children with all their heart – Amaron **a sus hijos con todo su corazón.**

To Owe: *DEBER*

I owed, owe, will owe – Yo deb**í**, deb**o**, deber**é**

You owed, owe, will owe – Tú deb**iste**, deb**es**, deber**ás**

He/She/It owed, owes, will owe – Él / Ella / Ello debi**ó**, deb**e**, deber**á**

We owed, owe, will owe – Nosotros-as debi**mos**, debe**mos**, deber**emos**

You, plural, owed, owe, will owe – Vosotros-as debist**eis**, deb**éis**, deber**éis**

They owed, owe, will owe – Ellos-as deb**ieron**, deb**en**, deber**án**

Examples of this verb's simple Past and Futue Tenses in a sentence:
You always owed money to everyone – **Tú siempre debiste dinero a todo el mundo.**

If you get that loan, you will owe the bank a lot of money – **Si cogéis ese prestamo, le deberéis al banco un montón de dinero.**

That singer owed his success more to his charm than to his talent – **Ese cantante debió** su éxito más a su encanto que a su talento.

If you do that for me, **I will owe** you one – Si tú haces eso por mí, **tedeberé** una.

To Live: VIVIR

I lived, live, will live – Yo viví, viv**o**, viv**iré**

You lived, live, will live – Tú viv**iste**, viv**es**, vivir**ás**

He/She/It lived, live, will live – Él / Ella / Ello viv**ió**, viv**e**, vivir**á**

We lived, live, will live – Nosotros-as vivi**mos**, vivi**mos**, vivir**emos**

You, plural, lived, live, will live – Vosotros-as vivist**eis**, viv**ís**, vivir**éis**

They lived, live, will live – Ellos-as, vivier**on**, viv**en**, vivir**án**

Examples of this verb's simple Past and Futue Tenses in a sentence:
My **grandma lived** in fear during the war – **Mi abuela** vivió **con miedo durante la guerra.**

I lived in a farm when I was a little – **Yo** viví **en una granja de pequeño.**

His **legend will live** forever – **Su leyenda** vivirá **para siempre**.

If we look after ourselves, **we will live** for many years – **Si nos cuidamos,** viviremos **por muchos años**

QUIZ

Choose A or B. and don't forget to write your answers down, so you can check how you fared at the end of the quiz.

Good luck!   ¡Buena Suerte!

How would you tell your son that you will always love him in Spanish?
A) Te deberé una, hijo.
B) Siempre te amaré, hijo.

How would you confess to a Spanish ex that you loved him or her very much?
A) Te amé mucho
B) Viviré mucho

How would you warn your Spanish friends about the lots of money they will owe to the bank if they ask for a loan?
A) Tú siempre debiste dinero a todo el mundo.
B) Si cogéis ese préstamo, le deberéis al banco un montón de dinero.

How would you comment that a certain singer owed his success more to his charm than to his talent, in Spanish?
A) Su leyenda vivirá para siempre.
B) Ese cantante debió su éxito más a su encanto que a su talento.

How would you share with a Spanish friend that you lived in a farm when you were little?
A) Yo viví en una granja de pequeño.
B) Mi abuela vivió con miedo durante la Guerra.

How would you convince your children to look after their health, in Spanish?
A) Te deberé una, hijo.
B) Hijos, si os cuidáis, viviréis por muchos años.

QUIZ RESULTS: B – A – B – B – A – B

LESSON 16: Numbers, Hours, Days, Months and Seasons

Hello, how are things with you? **Hola, ¿cómo te van las cosas?**

Now that we know how the Spanish form their simple Past and Future tenses, it is only fitting that we learn how they refer to time (Hours, Days, Months and Seasons) and, along the way, we will also study the Spanish Numbers, which are opening this lesson.

The Spanish Numbers

One, Two, Three – **Uno** (1) **Dos** (2) **Tres** (3)

Four, Five, Six – **Cuatro** (4) **Cinco** (5) **Seis** (6)

Seven, Eigth, Nine, Ten – **Siete** (7) **Ocho** (8) **Nueve** (9) **Diez** (10)

Eleven, Twelve, Thirteen – **Once** (11) **Doce** (12) **Trece** (13)

Fourteen, Fifteen, Sixteen – **Catorce** (14) **Quince** (15) **Dieciseis** (16)

Seventeen, Eighteen, Nineteen, Twenty – **Diecisiete** (17) **Dieciocho** (18) **Diecinueve** (19) **Veinte** (20)

Thirty, Forty, Fifty, Sixty – **Treinta** (30) **Cuarenta** (40) **Cincuenta** (50) **Sesenta** (60)

Seventy, Eighty, Ninety, A Hundred – **Setenta** (70) **Ochenta** (80) **Noventa** (90) **Cien** (100)

A thousand, a million, a billion, a trillion – Mil (1.000) **UnMillón** (1.000.000) **UnBillón** (1.000.000.000) **UnTrillón** (1.000.000.000.000)

IMPORTANT:

 The Spanish use the period (.) as the equivalent of a decimal point (,) in American English.
Examples:
One million dollars > 1,000,000
One million euros > **1.000.000**

We can keep building numbers by combining the first ten with the rest, just like we do in English.

Example:
1,231,475.00 - One million, two hundred thirty-one thousand, four hundred and seventy-five

1.231.475,00 - **Un millón, doscientos treinta y un mil, cuatrocientos setenta y dos.**

Ask for and give the time in Spanish

Excuse me, **do you have the time? – Disculpa**, ¿tienes hora?

Sure, it's **9 o'clock – Si, son** las nueve en punto.

When are you leaving work today? – ¿Cuándo sales de trabajar hoy?

Today I'm out **at half past five – Hoy salgo** a las cinco y media.

How long do we have until the train arrives? – ¿Cuánto tiempo **tenemos** hasta **que el tren llegue**?

About a quarter of an hour; it arrives **at quarter past seven – Sobre un cuarto de hora; llega** a las siete y cuarto.

How many hours do you work per week? – ¿Cuántas horas **trabajas a la semana?**

Around forty-five – **Alrededor de** cuarenta y cinco.

CURIOUSITY:

The Spanish have a total of 36 holidays per year, which includes 22 statutory holidays and 14 public holidays. Austria, Malta, Greece and even Poland are ahead of Spain when it comes to resting from work.

Spanish employees work an average of 38 to 48 hours per week. Spain is, in fact, one of the European countries with the longest working hours.

Days of the week in Spanish

Monday – Lunes
Tuesday – Martes
Wednesday – Miércoles
Thursday – Jueves
Friday –Viernes
Saturday – Sábado
Sunday – Domingo

Spanish Months in a yearly calendar

January – **Enero**
February – **Febrero**
March – **Marzo**
April – **Abril**
May – **Mayo**
June – **Junio**
July – **Julio**
August – **Agosto**
September – **Septiembre**
October – **Octubre**
November- **Noviembre**
December – **Diciembre**

The Spanish Seasons

Spring – Primavera
Summer – Verano
Autumn – Otoño
Winter – Invierno

★ CONVERSATION PRACTICE

Hi, Anthony, how are things? – Hey, Antonio, **¿cómo te van las cosas?**

Oh, hi, John! Everything's great, thanks. Listen, what are you doing this summer?– **Oh, ¡hola Juan! Todo genial, gracias. Escucha, ¿qué vas a hacer este verano?**

I don't know yet, why? – **No lo sé todavía, ¿por?**

I want to buy a plane ticket to go to Granada on Sunday, the 1st of June – **Quiero comprar un billete de avión a Granada para el domingo, 1 de Junio.**

If I buy it now it comes up a lot cheaper. Do you want me to buy one for you, too? – **Si lo compro ahora sale mucho más barato. ¿Quieres que compre uno para ti, también?**

Oh, I'd love that but I only get holidays in August since 2013. – **Oh, eso me encantaría, pero solo me dan vacaciones en Agosto desde el 2013.**

That's not the best time to visit it; Granada in August is like a ghost town – **Ese no es el mejor tiempo para visitarla; Granada en Agosto es como un pueblo fantasma.**

But, didn't you tell me that Granada was on the South coast of Spain? – **Pero, no me dijiste que Granada está en la costa sur de España?**

Yeah, but the beach is like 40 minutes by car from the city. – **Si, pero la playa está como a unos cuarenta minutos en coche de la ciudad.**

And most people leave the city for the coastal towns from the 1st of August until the 1st of September – **Y la mayoría de la gente deja la ciudad por los pueblos costeros desde el uno de Agosto al uno de Septiembre.**

QUIZ

Choose A or B. Remember: you can check your answers at the end of the quiz.

Good luck! ¡Buena Suerte!

How would you say **three thousand six hundred and eighty seven** for Spanish euros?
A) Cien mil ochocientos diecisiete.
B) Tres mil seiscientos ochenta y siete.

How would you **ask** a Spanish person **for the time**?
A) Disculpa, ¿tienes hora?
B) Disculpa, ¿qué día es hoy?

What **3 months** do the Spanish refer to as **Spring**, just like we do?
A) Diciembre, Enero y Febrero
B) Marzo, Abril y Mayo

When do most people in the Spanish city of Granada **close their businesses for the summer holidays**?
A) Del 1 de Septiembre al 1 de Octubre.
B) Del 1 de Agosto al 1 de Septiembre.

QUIZ RESULTS: B – A – B – B

LESSON 17: Past and Future of Spanish Irregular Verbs
To Be, To Give, To Do, To Go and To Say
Estar, Dar, Ser, Hacer, Ir and Decir

In this lesson, we will cover the **Past and Future tenses of some of the Spanish Irregular Verbs** we have learned in this course. As with the Regular Verbs, we will learn them as follows:

First the verb's PAST TENSE, followed by the verb's PRESENT TENSE, and ending with the verb's FUTURE TENSE.

There will be **a little quiz after each conjugated verb to help you put its different tenses within a context** and thus remember their forms more easily in the future.

To Be (1st conjugation): *ESTAR*

I was, am, will be – Yo **estuve**, estoy, **estaré**

You were, are, will be – Tú **estuviste**, **estás**, **estarás**

He/She/It was, is, will be – Él / Ella / Ello **estuvo**, **está**, **estará**

We were, are, will be – Nosotros-as **estuvimos**, **estamos**, **estaremos**

You, plural, were, are, will be – Vosotros o vosotras, **estuvisteis**, **estáis**, **estaréis**

They were, are, will be – Ellos o **ellasestuvieron**, **están**, **estarán**

CONVERSATION QUIZ

Mi hermana **estuvo** en Granada todo el verano del 2012.
A) Past tense
B) Present tense
C) Future tense

Estaremos ahi en cinco minutos.
A) Past tense
B) Present tense
C) Future tense

No **estoy** en casa ahora mismo.
A) Past tense
B) Present tense
C) Future tense

QUIZ RESULTS: A – C – B

To Give: DAR

I gave, give, will give – Yo dí, doy, daré

You gave, give, will give – Tú diste, das, darás

He/She/It gave, gives, will give – Él / Ella / Ello dió, da, dará

We gave, give, will give – Nosotros-as dimos, damos, daremos

You, plural, gave, give, will give – Vosotros-as disteis, dáis, daréis

They gave, give, will give – Ellos-as dieron, dan, darán

CONVERSATION QUIZ

Mi madre **dará** todo su dinero a la iglesia.
A: Past tense
B: Present tense
C: Future tense

Le **dimos** el pasaporte a la policía.
A) Past tense
B) Present tense
C) Future tense

No **das** nada por nadie.
A) Past tense
B) Present tense
C) Future tense

QUIZ RESULTS: C – A – B

To Be (2nd conjugation): SER

I was, am, will be – Yo **fuí**, **soy**, **seré**
You were, are, will be – Tú **fuiste**, eres, **serás**
He/She/It was, is, will be – Él / Ella / Ello **fue**, **es**, **será**
We were, are, will be – Nosotros-as **fuimos**, **somos**, **seremos**
You, plural, were, are, will be – Vosotros-as **fuisteis**, **sois**, **seréis**
They were, are, will be – Ellos-as **fueron**, **son**, **serán**

CONVERSATION QUIZ

¡Eres increíble!
A) Past tense
B) Present tense
C) Future tense

Seremos dos para comer.
A) Past tense
B) Present tense
C) Future tense

¿Vosotras **fuistéis** actrices?
A) Past tense
B) Present tense
C) Future tense

QUIZ RESULTS: B – C – A

To Do: HACER

I did, do, will do – Yo hice, **hago**, **haré**
You did, do, will do – Tú hiciste, **haces**, **harás**
He/She/It did, does, will do – Él / Ella / Ello **hizo**, **hace**, hará
We did, do, will do – Nosotros-as **hicimos**, **hacemos**, **haremos**
You, plural, did, do, will do – Vosotros-as **hicisteis**, **hacéis**, **haréis**
They did, do, will do – Ellos-as **hicieron**, **hacen**, **harán**

CONVERSATION QUIZ

Mi padre **hará** la compra mañana.
A) Past tense
B) Present tense
C) Future tense

Tu hermano nunca **hace** nada.
A) Past tense
B) Present tense
C) Future tense

¿Te **hiciste** el pasaporte?
A) Past tense
B) Present tense
C) Future tense

QUIZ RESULTS: C – B – A

Go: *IR*

I went, go, will go – Yo **fuí**, voy, iré

You went, go, will go – Tú **fuiste**, **vas**, irás

He/She/It went, goes, will go – Él / Ella / Ello fue,va, **irá**

We went, go, will go – Nosotros-as **fuimos**, **vamos**, **iremos**

You , plural, went, go, will go – Vosotros-as **fuisteis**, **váis**, **iréis**

They went, go, will go – Ellos-as **fueron**, **van**, **irán**

CONVERSATION QUIZ

¿**Fuiste** a Madrid o a Granada?
A) Past tense
B) Present tense
C) Future tense

No fuimos a ninguna ciudad del país.
A) **Past** tense
B) Present tense
C) Future tense

Me **iré** a trabajar en media hora.
A) Past tense
B) Present tense
C) Future tense

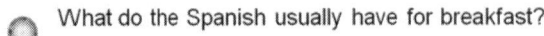

QUIZ RESULTS: A – A – C

CURIOUSITY:

What do the Spanish usually have for breakfast?

It appears that Spanish people in the South of the country favor salty spreads, on pieces of French toast, to accompany their morning coffee, such as pâté, natural tomato sauce, olive oil, cured ham and even sobrassada, whereas Spanish people in the North favour sweet spreads, such as jams, marmalades, honey and even butter with sugar.

But, it also seems that Spanish children prefer having cereal or biscuits with hot chocolate milk, as their morning fuel, over toasts.

What is 'sobrassada'? It is a paste made of spicy sausage.

To Say: *DECIR*

I said, say, will say – Yo **dije**, **digo**, **diré**

You said, say, will say – Tú **dijiste**, **dices**, **dirás**

He/She/It said, says, will say – Él / Ella / Ello **dijo**, **dice**, **dirá**

We said, say, will say – Nosotros-as **dijimos**, **decimos**, **diremos**

You, plural, said, say, will say – Vosotros-as **dijisteis**, **decís**, **diréis**

They said, say, will say – Ellos-as **dijeron**, **dicen**, **dirán**

CONVERSATION QUIZ

Mi amigo no **dirá** nada a nadie.
A) Past tense
B) Present tense
C) Future tense

¿Les **diréis** dónde estamos?
A) Past tense
B) Present tense
C) Future tense

Me **dijisteis** "el tren de las tres en punto".
A) Past tense
B) Present tense
C) Future tense

QUIZ RESULTS C – C – A

LESSON 18: Course Revision and Full Spanish-Only Conversation

You've made it! Lo has conseguido!

And to prove it, we have deviced a **mega-quiz to help you gauge how much Spanish you have acquired throughout this course**, and, after it, you will also have the chance to practice your knowledge on the next level: a **Spanish-only conversation, followed by a quiz to check your comprehension of the language.**

Are you ready for the Course Revision Mega-Quiz?

Choose **A** or **B** for each question, and this I absolutely recommend you on this occasion: Write down or mark each answer, because the quiz is going to be way longer than usual.

Let's find out how close you are to tasting tapas in Spain!

How would you spell the Spanish word for '**Woman**'?
A) M-O-H-E-R
B) M-U-J-E-R

What **gender** are the following words? : Ambiente, clima, hotel, jardin, mapa, final, planeta
A) Masculine
B) Feminine

How would you ask '**where are you from**' in Spanish?
A) ¿Dónde estás?
B) ¿De donde eres?

What's a Spanish person saying when they tell you the following? : Mi casa **está muy cerca**.
A) My house is very big.
B) My house is close by.

How would you refer to '**her words**' in Spanish?
A) Su palabras
B) Sus palabras

How would you ask '**whose house is this**' in Spanish?
A) ¿De quién es esta casa?
B) ¿Cuánto es esta casa?

How would you respond to the following question? : ¿Cómo **te** llamas?
A) Me llamo Bond.
B) Me llaman Bond.

How would you tell someone, in Spanish, that **you** don't carry any money with you?
A) Ellos traen dinero consigo.
B) Yo no traigo dinero conmigo.

How would you say '**everybody loves somebody**' in Spanish?
A) Nadie ama a todo el mundo.
B) Todo el mundo ama a alguien.

How would you alert a Spanish taxi driver with '**I live on this street, thanks**'?
A) Yo vivo en esta calle, gracias.
B) Vamos a esa calle, por favor.

How would you ask your Spanish friend to tell you everything about something?
A) Cuéntame todo, porfavor.
B) No cuentas nada a nadie.

How would you ask a stranger on a street, in Spain, **if he or she understands English?**
A) Hola, ¿hablas español?
B) Disculpa, ¿entiendes inglés?

How would you ask somebody **about what someone else is saying**, in Spanish?
  A) ¿Qué dice?
  B) ¿Qué sientes?

How would you ask a Spanish waiter or waitress about **what kind of tapas** are being offered at their bar?
  A) ¿Me puedes traer una tapa, por favor?
  B) Disculpa, ¿qué tipo de tapas tenéis?

How would you respond positively to the Spanish question for '**how is it going**'?
  A) No muy bien, para decirte la verdad.
  B) Todo bien, gracias.

How would you say '**Someday I'll live in Spain**' in Spanish?
  A) Algún día viviré en España.
  B) Algunos días vivo en España.

How would you ask a Spanish person for the time?
  A) Disculpa, ¿Cuánto tiempo tenemos?
  B) Disculpa, ¿tienes hora?

How would you remind a male Spanish friend that you already gave **him** his plane ticket?
  A) Ya nos dieron nuestros pasaportes.
  B) Ya te di tu billete de avión.

Well done! And now, the moment has come for a **Spanish-ONLY conversation:**

At Barajas Airport in Madrid, Spain

Maria, ¡ya estamos aquí, en tu ciudad!

¡Qué alegria! Mis amigas están en casa de mi madre, ¡quieren conocerte!

¿Qué les contaste sobre mí?

Que eres de Nueva York y sabes algo de español.

¿Te dijo Antonio si vendrá en autobús a Granada conmigo?

Me dijo que a él le gusta ir a Granada en tren.

El bus es más barato.

¿Cuánto cuesta el billete de tren?

Cuarenta euros más que el billete de bus.

Uf, eso es mucho dinero.Vamos a por las maletas.

¿Tienes todas las maletas?

Si, vamos afuera, el clima es muy bueno.

¿Sabes el número de teléfono de algún servicio de taxi?

No nos hace falta un taxi, el metro va cerca de mi casa.

¡Este clima es fantástico!

Si, ¡ya es primavera!

¿Cuánto te debo por el billete de metro?

Nada, me pagas una bebida esta noche, ¿sí?

¡Te pagaré dos!

Vale... Oh, ¿sabes que me dijo mi madre por teléfono?

¿Qué?

Que hará paella para comer mañana.

¡Genial! Que amable es tu madre.

Yo la amo como a mi vida.

Maria, ¿tienes tú mi pasaporte?

¿Yo? No, yo no lo tengo, ¿por?

Se lo di a la policía en el aeropuerto y ahora no sé dónde está.

Lo tendrás contigo, seguro.

Ah, ¡sí! Aquí está, en el bolsillo de mi chaqueta.

Bien, bien.

¿Cuánto tiempo falta para llegar a tu casa?

Alrededor de media hora.Madrid es una ciudad muy grande.

¿Más grande que Granada?

Oh, sí, mucho más, es la capital de España.

¿Por qué no vienes con Antonio y conmigo a Granada el viernes?

Porque cuento las horas para estar con mi familia.

Entiendo. Debe de ser difícil vivir en un país diferente al tuyo.

Me gusta América, pero amo a mi familia, quiero estar con ellos todo el tiempo posible antes de irnos.

Ok, será una aventura para mí viajar a otra ciudad sin ti.

Antonio también sabe español, él es español y su ciudad natal es Granada, estarás bien.

Si... pero yo te amo a ti.

The End: Fin

QUIZ

Our final quiz! Choose A or B. and don't forget.... to celebrate having finished this course

Good luck!   ¡Buena Suerte!

Whose city is Madrid?
A) Mi ciudad
B) La ciudad de Maria

Who are **at Maria's mother's House**?
A) Sus hermanas
B) Sus amigas

What transport method does **Antonio** prefer?
A) El autobus
B) El tren

How much more expensive is a train ticket?
A) Cuarenta euros.
B) Cinco euros.

What **season** is it?
A) Primavera
B) Verano

What did **Maria's mother** tell her that she **will cook** for her guest?
A) Tortilla española.
B) Paella

What did our male protagonist think that **he had lost**?
A) El pasaporte
B) La maleta

QUIZ RESULTS: B – B – B – A – A – B – A

About the Author and Our Other Language Books

**Hasta la vista,
Amigo!**

7677146R00085

Printed in Germany
by Amazon Distribution
GmbH, Leipzig